A, B, C, D

DE

L'ORGANISATION DU TRAVAIL.

PAR JEAN CZYNSKI.

> Donner de l'attrait à l'agricul-
> ture, ce serait le sublime de la
> politique actuelle.

PARIS,

IMPRIMERIE DE A. LACOUR,

Rue St-Hyacinthe-St-Michel, 33.

—

1848

La victoire du 24 février n'était pas encore
assurée, la forme du gouvernement n'était pas
encore proclamée, j'ignorais les noms des per-
sonnes auxquelles le peuple triomphant allait
confier le sort de la liberté et de la France, qu'au
milieu des barricades du faubourg St.-Denis, j'écri-
vais à un député, aujourd'hui membre du gouvernement provisoire et ministre:

« Au nom de votre gloire, au nom de la
gloire de la France, je vous supplie d'user de
toute votre influence pour faire inscrire dans la
Charte nouvelle, *le droit au travail.* »

Je vous adresse cette demande comme votre
plus dévoué admirateur.

Le 24 février 1848.

CZYNSKI.

Sur de petits morceaux de papier, je distribuai la même demande aux ouvriers qui prenaient part à la lutte.

Si je rappelle ces faits, c'est pour prouver que cette question n'est pas neuve pour moi, que je l'aime autant que je l'ai étudiée.

Je me tus après le triomphe, heureux de voir que le gouvernement provisoire proclamait le principe qui faisait l'idéal de mes rêves. Je pensai que des hommes mille fois plus capables sauraient mille fois mieux que moi résoudre ce problème.

Je me suis trompé.

Malgré les meilleures intentions, ils ont déjà commis des fautes.

Je crois remplir un devoir en soumettant à l'opinion publique quelques idées qui constituent l'A, B, C, D de l'organisation du travail. Problème *facile* si l'on remplit deux conditions:

1° Si l'on commence par le commencement;

2° Si l'on prépare les éléments de l'édifice avant de toucher aux fondements de la société.

Le commencement consiste dans les mesures qui ont pour but d'assurer le travail rétribué, c'est-à-dire le *pain quotidien.*

Chaque citoyen a droit de vivre. En même

temps la société a le droit d'exiger que chaque citoyen lui apporte le tribut de son travail.

De cette obligation réciproque, résultent le devoir de travailler et le droit d'être rétribué.

La France entière adopte ce principe.

Mais assurer le travail, ne veut pas dire assurer à chaque corps d'état le travail de cet état dans la capitale de la France. Cela ne veut pas dire que l'imprimeur, le cordonnier, le mécanicien, aura toujours à travailler de sa profession à Paris.

Si nos relations avec les pays du Nord sont rompues, il se pourra que, d'ici à quelque temps, par manque de débouchés, des milliers de cordonniers, des ouvriers qui travaillent dans des manufactures de porcelaine, des orfèvres, se trouvent sans ouvrage ; la société leur doit le pain quotidien, en échange de leur travail, mais elle n'est pas obligée de commander des souliers, de la porcelaine et des bijoux dont elle n'a pas besoin.

Il faut donc créer, pour les ouvriers sans travail, une occupation facile à apprendre et utile au pays.

Cela nous mène à ce principe :

« Tout ouvrier sans travail trouvera de l'occupation dans une ferme nationale la plus rapprochée de son dernier domicile. »

Rien de plus facile à apprendre que les travaux des champs et du jardin ; rien n'est plus productif que la semence qu'on confie à la terre. Des ateliers les plus nécessaires peuvent être ajoutés aux travaux domestiques et agricoles , pour donner un nouvel attrait à ce séjour passager des ouvriers sans travail.

La création des fermes agricoles industrielles, pour les ouvriers sans ouvrage, c'est l'A, B, C, D de l'organisation du travail.

Il faut entourer Paris et toutes les grandes villes de ces forts attrayants ; c'est une plus sûre garantie de l'ordre que les *forts détachés*, qui ont coûté des millions, et qui ne peuvent produire aucun avantage.

Si vous voulez assurer le travail pour chaque profession à Paris , savez-vous ce qui en résultera ?

D'abord, vous promettrez ce que vous ne pourrez tenir.

Puis, vous attirerez vers la capitale tous les ouvriers des provinces, qui aujourd'hui se contentent d'une rétribution bien plus inférieure que celle qui est offerte aux ouvriers de Paris. Vous enlèverez des bras à l'agriculture , vous attirerez dans la capitale tous les filous et tous les vagabonds qui, au détriment des honnêtes ouvriers, deviendront une lourde charge pour l'Etat.

Vous créez vingt-quatre bataillons de la garde nationale mobile, c'est bien. Elle défendra l'ordre, elle sera prête à se joindre à l'armée pour repousser l'invasion. C'est patriotique. Mais si vous appelez ce corps aux grands travaux d'utilité publique, il paiera par son travail les dépenses nécessitées pour son entretien. Citoyen et soldat, combattant et ouvrier, voilà les deux caractères qui se marient admirablement dans la position actuelle de la nouvelle garde civique. Rendez ce corps utile par les travaux productifs et vous pourrez l'agrandir par le nombre des ouvriers sans ouvrage.

Fermes nationales,

Armées productives;

Voilà les deux moyens pour faire triompher le *droit au travail*.

Hors de ces deux grands moyens, il n'y a que déceptions, ruine et anarchie.

Il est temps de mettre la main à l'œuvre, le soleil de printemps commence à réchauffer la terre de ses rayons bienfaisants; bientôt le laboureur et le jardinier recommenceront à remuer la terre, et les plaines délaissées attendent les bras des citoyens pour les cultiver, pour les couvrir d'arbres et de fruits.

Ce contact des ouvriers des campagnes avec ceux de Paris, qui sont plus éclairés, accélèrera l'éducation et l'instruction de ces premiers, et resserrera, entre les uns et les autres, de nouveaux liens d'amour et de fraternité.

. . . .

Du moment où vous avez assuré le pain quotidien aux citoyens, vous pouvez respirer, vous pouvez vous occuper avec plus de calme de l'organisation du travail.

Vous arriverez aux plus beaux résultats à cet égard en créant des Comités de chaque état.

Ces Comités, ces Chambres consultatives, permanentes, auront pour mission de réunir tous les éléments statistiques nécessaires à l'organisation du travail. Ils vous prépareront le tableau contenant :

1° Le nombre des ouvriers, le chiffre de la production, les débouchés certains, les débouchés incertains ;

2° L'argent nécessaire pour l'achat des matières premières, pour les avances;

3° Le prix de revient, le prix de la vente ;

4° Le bénéfice des agents intermédiaires.

5° Ils formeront des caisses d'épargne et de secours ;

6° Ils tiendront dans leurs mains l'honneur et la prospérité de leurs corps respectifs et serviront d'intermédiaires entre le pouvoir et les capitalistes pour toutes les transactions industrielles et commerciales.

Ces chambres deviendront dépositaires de sommes considérables, fruits des cotisations modiques. Dix mille ouvriers qui déposeront 50 c. par semaine, fourniront dans une année 240,000 francs. Les cordonniers, les tailleurs, les imprimeurs, auront, s'ils le veulent, leurs fermes d'asiles, leurs maisons de plaisance. Leur drapeau flottera majestueusement sur leurs propriétés. Tous les hommes de cœur le salueront avec bonheur. Il ne sera pas taché de larmes ni de sang.

Mais laissez agir les ouvriers eux-mêmes.

Ses représentants, librement élus, réunis dans ces *Chambres*, étudieront leurs besoins et leurs devoirs.

Ils arriveront à ce résultat que,

« Le salut et la gloire de la France résident dans l'*Association* du *travail* et du *capital*. »

Au lieu d'effrayer et de décourager les capitalistes, au lieu d'exciter les ouvriers, les Chambres, avec l'aide des hommes qui ont fait des études sérieuses, soumettront des conditions honorables et salutaires pour les uns et pour les autres.

. L'organisation du travail ne peut pas être le résultat d'une ordonnance, d'une loi, c'est une action continue, permanente, éternelle, c'est la vie.

Une mesure bonne aujourd'hui, sera inopportune le lendemain, et si, dans les rapports entre les maîtres et les ouvriers, vous procédez par des *ukases*, vous préparerez l'*abîme*.

C'est seulement lorsque vous aurez la statistique de la consommation et de la production, quand vous connaîtrez le nombre des ouvriers, le chiffre des capitaux nécessaires, l'échelle du bénéfice certain et du bénéfice incertain, que vous pourrez avec connaissance établir des rapports nouveaux entre les ouvriers et les capitalistes.

Ces Chambres peuvent rendre d'autres services. La Chambre des cordonniers, par exemple, saura que la France use trente millions de paires de souliers par an, et qu'elle n'a besoin que de 50,000 ouvriers. Si un nombre bien plus grand se présente, il en donnera avis aux apprentis qui dirigeront leurs travaux vers une autre branche d'industrie où les bras manquent, où les besoins se font sentir.

La statistique, c'est le grand miroir dans lequel vous verrez tous les droits, tous les devoirs, tous les besoins des travailleurs. Elle vous apprendra à quel bas prix travaille une fille du peuple, combien gagne un laboureur dans la Lorraine. Elle vous ouvrira les yeux sur la position des maîtres, souvent bien plus à plaindre que les ouvriers eux-mêmes. Vous apprendrez à établir des rapports plus sûrs, plus solides, en associant le travail au capital, en rendant solidaire le bien-être de celui qui travaille avec le bien-être de celui qui offre les avances et qui prend sur lui les risques de l'entreprise.

Les documents statistiques, que les chambres des corps industriels prépareront et élaboreront, devront avoir aussi rapport avec tout ce qui touche la santé, l'instruction et la perfection morale de l'ouvrier. Toutes les améliorations sortiront de ce travail avec le plus grand ordre et sans aucune secousse, pourvu que l'on tienne compte des deux conditions que nous avons déjà mentionnées :

1° De diriger les ouvriers sans travail vers les campagnes ;

2° De préparer les éléments de l'édifice avant de toucher aux fondements de la société.

Je mets cette dernière clause sous la sauvegarde des ouvriers eux-mêmes.

Il m'est permis de faire appel aux travailleurs, moi qui ai défendu leurs droits dans le

Nouveau-Monde, et d'invoquer aussi le témoignage des ouvriers cordonniers de Paris qui m'ont fait l'honneur de profiter de mes conseils et qui ont créé une société d'épargne et de secours mutuel. Ils ont assuré le travail à des milliers de leurs frères, ont assisté leurs malades et ont encore dans le moment actuel 18,000 fr. dans leur caisse.

Respectez ce qui est, tant que vous n'établirez pas mieux.

. . . .

On pourra dire : Vous voulez créer des fermes agricoles-industrielles pour offrir un asile aux ouvriers sans travail ; c'est bien ; mais vous oubliez que pour couvrir les dépenses nécessaires, l'état de nos finances n'est pas assez prospère.

J'ai prévu l'objection et j'y réponds.

La victoire du 24 février profitera aux générations futures.

Nos enfants et nos petits-enfants vont cueillir les fruits de la lutte que nous avons soutenue.

Il est juste de répartir sur eux une partie du fardeau qu'on veut faire peser tout entier sur la génération actuelle. Nous pouvons, nous devons engager l'avenir.

Expliquons notre pensée.

Admettons que les recettes du pont des Arts.

recettes que je regrette, qu'on ait supprimées, apportaient par an 70,000 fr., 5,833 par mois. Si nous voulons supporter tous les frais, nous aurons pour le moment dans le premier mois seulement 5,833 fr. à notre disposition. Mais, si plus raisonnables, nous sommes résolus de répartir les charges sur un espace plus large, pour trente ans par exemple, par une sage organisation de crédit, en mettant en circulation des billets garantis sur la recette de ce pont, nous aurons un million dans la caisse de l'État.

C'est par ce moyen que la Prusse dans un moment difficile a sauvé le pays d'une banqueroute certaine. La Pologne aussi a su améliorer la position des propriétaires de villages par la même opération financière.

Vous mettez en circulation pour un million d'effets qui apportent 4 °⁄₀ d'intérêts. Outre cela vous destinez 2 °/₀ pour l'amortissement du capital 1 0⁄0 pour les frais. Chaque année, un tirage amortit 1⁄28ᵉ du capital. Et par cette opération, aussi simple qu'utile, au lieu de 5,833 fr., vous avez dans la caisse de l'État un million.

La valeur *des billets garantis* peut être rehaussée par des primes.

La ville de Paris peut donner l'exemple et faire

l'essai de ces opérations sur une partie de ses revenus. Quand les recettes d'un mois se changeront en capital deux cents fois plus grand, l'État suivra la même route, changera en capital une partie de l'impôt et trouvera des ressources suffisantes pour faire face aux événements, assurera l'ordre et la prospérité, aux conditions suivantes :

1° Il commencera par assurer le travail, non pas à Paris, mais dans les fermes nationales, dans les campagnes ;

2° Il utilisera la garde-nationale mobile en l'employant aux travaux productifs ;

3° Il fera nommer des Chambres consultatives de chaque état ;

4° Il organisera le crédit par l'émission des billets garantis (Lettres de gages).

Il ne faut pas confondre les *billets-garantis* (lettres de gages), avec les assignats et tout autre papier-monnaie. Les billets dont nous parlons ont un gage CERTAIN, DÉSIGNÉ. L'amortissement régulier leur donne une valeur réelle. Ces sortes de papiers avaient leurs cours très élevés, même au moment du siége de Varsovie.

Je suis prêt de donner de plus larges dévelop-

pements de ces pensées, si les travailleurs veulent
les accepter et en profiter.

182, Faubourg St.-Denis.

JEAN CZYNSKI.